AF245226

ARRÊTÉ

PORTANT RÈGLEMENT

sur la

POLICE DES PORTS ET RADES, QUAIS, CALES, ET PLAGES,

et sur le

SERVICE DU PILOTAGE,

à la

GUADELOUPE ET DANS SES DÉPENDANCES.

(DU 24 AVRIL 1851.)

BASSE-TERRE,

IMPRIMERIE DU GOUVERNEMENT.

— 1851 —

ARRÊTÉ

PORTANT RÈGLEMENT

sur la

POLICE DES PORTS ET RADES, QUAIS, CALES, ET PLAGES.

et sur le

SERVICE DU PILOTAGE,

à la

GUADELOUPE ET DANS SES DÉPENDANCES,

Nous, Gouverneur de la Guadeloupe et dépendances,

Vu l'article 17 de l'ordonnance organique du 9 février 1827, et l'article 11 de la loi du 24 avril 1833, sur le régime législatif des colonies ;

Considérant qu'il est nécessaire de régler d'une manière précise la police des ports et rades, ainsi que le service du pilotage à la Guadeloupe, et de réunir, en un seul corps de doctrine, les diverses dispositions en vigueur jusqu'à ce jour ;

Vu l'ordonnance de la marine du mois d'août 1681, rendue exécutoire aux colonies par le règlement royal du 12 janvier 1717 ;

Vu l'arrêté local du 10 mars 1849, concernant les pilotes lamaneurs ;

Vu l'ordonnance locale du 15 juin 1824, concernant la police des quais et cales ;

Vu le règlement local du 17 septembre 1828, concernant la police des ports et rades de la colonie ;

Vu le décret colonial du 14 novembre 1854, relatif à la

navigation des gabares, canots, pirogues et autres embarcations;

Vu l'arrêté local du 4 décembre 1837, portant règlement sur le service du pilotage, à la Pointe-à-Pitre;

Vu l'arrêté du 23 novembre 1839, relatif à la police de la navigation locale;

Vu l'arrêté du 5 octobre 1840, relatif au stationnement des pirogues et embarcations dans les communes du littoral de la colonie;

Vu l'arrêté du 14 décembre 1840, relatif à la navigation des embarcations dans la partie française de Saint-Martin;

Vu l'article 137 du Code d'instruction criminelle, ensemble le titre IV du Code pénal colonial;

Sur la proposition du Commissaire général Ordonnateur,

De l'avis du Conseil privé,

AVONS ARRÊTÉ :

TITRE PREMIER.

DES CAPITAINES ET LIEUTENANTS DE PORTS.

ARTICLE PREMIER.

Les capitaines et lieutenants de ports, institués dans la colonie, sont placés sous l'autorité de l'Ordonnateur et des chefs du service administratif qui le représentent dans les dépendances.

Ils ne peuvent s'absenter sans autorisation.

(*Ordonnance du 9 février 1827, article 107*).

ART. 2.

Ils sont chargés de la police des ports et rades, relative à la marine marchande; de la conservation des machines à l'usage de la marine de l'État, pour l'entretien, la sûreté et la propreté dans les ports et rades; de maintenir l'ordre à l'entrée, au départ et dans les mouvements des bâtiments du commerce; du curage, de l'entretien et du dragage des ports; de la police des quais, cales et plages, et de veiller à l'exécution des règlements sur la pêche maritime, sur la police sanitaire et sur l'e débarquement des passagers dans la colonie. (*Ordonnance locale du 18 avril 1772, article 1ᵉʳ. — Loi du 13 août 1791, titre III, article 1ᵉʳ. — Décret du 10 mars 1807, article 10*).

ART. 3.

Lorsqu'un bâtiment de l'État arrivera sur l'une des rades de la colonie, le capitaine ou lieutenant de port, assisté d'un pilote, se rendra aussitôt à bord; s'il se présentait en même temps plusieurs bâtiments, il se rendrait à bord du commandant de la division, pour le conduire au mouillage. Le chef du pilotage accompagnera le capitaine de port lorsque le bâtiment en vue portera un pavillon amiral.

Il sera remis au commandant du bâtiment ou de la division un exemplaire du présent arrêté, et le capitaine de port lui donnera toutes les informations relatives à la police de la rade, s'il en prend le commandement. (*Ordonnances locales des 18 avril 1772, article 4, et 31 octobre 1777, article 3*).

ART. 4.

Les capitaines et lieutenants de ports devront déférer aux réquisitions et aux ordres du commandant de la station, pour tout ce qui concerne le mouillage, l'ancrage et la sûreté des bâtiments de l'État.

ART. 5.

Les capitaines et lieutenants de ports remettront, à la fin de chaque trimestre, à l'Ordonnateur ou aux chefs du service administratif, un rapport détaillé sur la manière dont les pilotes auront fait leur devoir, et principalement sur leur bonne ou mauvaise conduite; les fautes qu'ils auront pu commettre, et les punitions qu'ils auront encourues, seront consignées sur les matricules de l'inscription maritime mentionnées en l'article 51.

ART. 6.

Les capitaines et lieutenants de ports s'assureront fréquemment que les bouées et coffres flottants, marquant les passes, sont maintenus à leur place et entretenus en bon état; ils remettront, tous les trois mois, à l'Ordonnateur ou aux chef du service administratif, un rapport sur l'état de ces appareils, ainsi que sur les réparations et améliorations dont ils seraient susceptibles.

Art. 7.

Ils veilleront à ce que les coffres de mouillage et bateaux corps-morts soient installés et conservés avec toutes les précautions nécessaires pour la sûreté des bâtiments.

Art. 8.

Le dragage, le curage et l'entretien des ports et rades seront effectués par leurs soins et sous leur direction. Ils prendront, à cet effet, les ordres de l'Ordonnateur ou des administrateurs qui le suppléent ; ils dresseront la demande des moyens nécessaires pour l'exécution des travaux.

Art. 9.

Les capitaines et lieutenants de ports feront sonder, suivant l'exigence des localités, les passes et mouillages, et tiendront un registre des sondes. (*Décret du* 10 *mars* 1807, *article* 17).

Art. 10.

Ils devront visiter chaque mois, et toutes les fois qu'il y aura eu tempête ou raz-de-marée, les passages ordinaires des bâtiments, pour reconnaître si les fonds n'ont point changé. (*Ordonnance de* 1681, *livre IV, titre II, article* 6).

Art. 11.

A l'arrivée des navires du commerce, en rade ou dans le port, ils se feront remettre une note signée par les capitaines, faisant connaître l'état des ancres et des amarres, ainsi que la situation de la coque, des voiles et du gréement.

Art. 12.

Les capitaines et lieutenants de ports régleront l'ordre dans lequel les navires du commerce devront être mouillés en rade ou amarrés dans le port ; ils assigneront à chaque bâtiment la place qui convient à ses opérations et l'y feront amarrer

solidement; ils pourvoiront à ce que les bâtiments soient
mouillés de manière à ne point se gêner et à éviter les avaries.
(*Ordonnance locale du* 18 *avril* 1772, *article* 3. — *Décret du*
10 *mars* 1807, *article* 11).

ART. 13.

Ils veilleront à la sûreté des bâtiments, prescriront les
mesures à prendre en cas d'évènement, et ils dirigeront les
secours à porter aux navires naufragés ou en danger; ils requerront, à cet effet, de tous bâtiments, les hommes, ancres,
câbles et autres apparaux nécessaires; ils se concerteront,
lorsqu'il y aura lieu, avec le commandant de la rade, le commandant du stationnaire et, à défaut, avec le commandant
marchand. (*Ordonnance locale du* 18 *avril* 1772, *article* 4. —
Décret du 10 *mars* 1807, *article* 12).

ART. 14.

Lorsque, par suite d'évènement fortuit, de fausse manœuvre
ou autre cause majeure, il sera nécessaire de faire filer les
amarres d'un bâtiment, si le danger est imminent, le capitaine
ou lieutenant de port pourra, après injonctions verbales et
réitérées, et sur le refus du capitaine du bâtiment ou de son
remplaçant à bord, faire couper lesdites amarres. (*Ordonnance
de* 1681, *livre IV, titre II, article* 7).

ART. 15.

Les capitaines et lieutenants de ports établiront, sous l'approbation de l'Ordonnateur, la consigne qu'ils croiront nécessaire
pour les secours à donner aux navires en cas d'évènements.

ART. 16.

Les capitaines et lieutenants de ports auront à leur charge
un magasin, dit de *sauvetage*, dans lequel seront placés les
objets nécessaires pour les secours à donner aux bâtiments en
danger. Ils en seront responsables et compteront de la dépense

des objets consommés, lesquels seront mis à la charge du bâtiment qui en aura fait usage.

ART. 17.

Ils tiendront la main aux mesures prescrites par l'article 168, relativement à la propreté des bâtiments du commerce, et ils auront soin de faire pomper, matin et soir, aux heures qu'ils auront fixées. (*Consigne générale du 20 octobre 1763, article 6*).

ART. 18.

Ils feront observer, en l'absence du stationnaire, les dispositions de l'article 174. Ils veilleront à ce que les rondes de nuit, prescrites au titre V, s'effectuent exactement; ils se feront rendre compte du résultat de ces rondes par le commandant marchand. (*Consigne générale du 20 octobre 1763. — Ordonnance locale du 18 avril 1772, articles 5 et 14*).

ART. 19.

Les capitaines et lieutenants de ports indiqueront les lieux où l'on pourra déposer les décombres et les vases provenant du curage des ports; ils surveilleront le lestage et le délestage des navires, de manière à ce qu'ils soient faits avec les précautions prescrites par les articles 151 et 152, afin d'empêcher les encombrements. Lorsqu'il y aura lieu, ils s'entendront, à cet effet, avec l'autorité municipale. (*Ordonnance de 1681, livre IV, titre II, articles 2 et 5. — Consigne générale du 20 octobre 1763, article 5. — Ordonnance locale du 18 avril 1772, article 3. — Décret du 10 mars 1807, article 11*).

ART. 20.

Ils veilleront à ce que les ancres soient exactement levées par les navires en partance, afin que les rades et ports n'en soient point embarrassés. Dans le cas où les capitaines seraient forcés d'en laisser, ils les obligeront, si faire se peut, à marquer, par des bouées, les endroits où elles se trouveraient, ainsi qu'il est prescrit par l'article 190. (*Consigne générale du 20 octobre 1763, article 15*).

Art. 21.

Ils indiqueront les lieux où l'on pourra caréner, chauffer et réparer les bâtiments, en éloignant ces opérations, le plus possible, des quais et des autres navires, afin qu'il n'en puisse résulter aucun accident. Ils feront surveiller la propreté desdits lieux. (*Ordonnance de 1681, livre IV, titre II, article 5. — Ordonnance locale du 18 avril 1772, article 5*).

Art. 22.

En cas d'incendie ou d'alerte, soit dans le port soit en rade, les capitaines et lieutenants de ports requerront des navires du commerce leurs embarcations, armées de la moitié de l'équipage et commandées par un officier; ils indiqueront le lieu où ces embarcations devront se rendre; ils disposeront de ces ressources immédiatement et selon les circonstances, pour porter les premiers secours sur le lieu du danger. Ils réclameront aussitôt que possible les ordres de l'autorité supérieure.

Si le feu est à bord d'un bâtiment, ils feront en sorte de l'isoler et de le hâler hors des rangs.

Les mêmes dispositions seront prises en cas d'incendie dans la ville; seulement le capitaine ou lieutenant de port se rendra aux ordres de l'autorité chargée de la direction des secours.

Art. 23.

S'il y avait *urgence*, les capitaines et lieutenants de ports, en l'absence du stationnaire, pourront requérir la force armée pour rétablir l'ordre provisoirement à bord des bâtiments du commerce. Ils devront en rendre compte immédiatement à l'Ordonnateur à la Basse-Terre, et en informer le commissaire de l'inscription maritime. Dans les dépendances, ils en rendront compte aux chefs du service administratif.

Art. 24.

Les capitaines et lieutenants de ports seront seuls chargés de délivrer les billets de sortie ou de passe aux bâtiments du commerce français et étranger. Ces billets ne seront délivrés qu'après l'accomplissement des formalités prescrites par l'article 194.

ART. 25.

Ils informeront le Gouverneur et l'Ordonnateur à la Basse-Terre, et dans les dépendances les chefs du service administratif, sur des bulletins, disposés à cet effet, de l'arrivée et du départ des bâtiments de l'État et de ceux du commerce, tant au long-cours qu'au cabotage, ainsi que des bâtiments étrangers. Ils feront le rapport des évènements de mer et de tous les faits survenus à leur connaissance, et qui pourraient intéresser la navigation. *(Ordonnance locale du 18 avril 1772, article 2. — Décret du 10 mars 1807, article 22)*.

Ils tiendront un registre de tous les navires entrant et sortant.

ART. 26.

Les capitaines et lieutenants de ports feront observer sur les quais, places ou chantiers aboutissant ou attenant au port, les règlements établis pour y entretenir la propreté et pour assurer la liberté et la facilité des communications du commerce. *(Ordonnance locale du 18 avril 1772, article 5. — Décret du 10 mars 1807, article 13)*.

Ils se feront assister du maître de port, et du commissaire de police qu'ils requerront à cet effet, lorsqu'il y aura lieu. *(Consigne générale du 20 octobre 1763, article 15)*.

ART. 27.

Ils exerceront une surveillance assidue sur tous les faits tendant à compromettre l'entretien et la conservation des quais, cales, bassins, jetées, écluses, havres, et en général de tous les établissements maritimes. *(Ordonnance de 1681, livre IV, titre II, article 4. — Décret du 10 mars 1807, article 14)*.

ART. 28.

Ils seront tenus d'obtempérer aux réquisitions qui leur seront adressées, par les ingénieurs civils et militaires, pour la conservation des ouvrages qui se font dans les ports ou pour la police des travaux de la mer. (*Décret du 10 mars 1807, article 19*).

Art. 29.

Les capitaines et lieutenants de ports assisteront au lancement à la mer des bâtiments du commerce et feront toutes les dispositions nécessaires pour que ces manœuvres ne causent aucun accident et ne soient point gênées par les objets environnants. (*Décret du 10 mars 1807, article 18*).

Art. 30.

Ils pourront, en cas de sinistre ou de danger, requérir les navigateurs, pêcheurs, dragueurs, gabariers, portefaix, ouvriers et autres personnes exerçant leur industrie dans le port et sur les quais, pour concourir aux secours nécessaires. (*Loi du 13 août 1791, titre III, article 15.—Décret du 10 mars 1807, article 16*).

Art. 31.

Les capitaines et lieutenants de ports dresseront des procès-verbaux de toutes les contraventions aux règlements sur la police des quais, ports et rades, et ils provoqueront les poursuites devant les tribunaux compétents. (*Décret du 10 mars 1807, article 15*).

Les procès-verbaux des capitaines et lieutenants de ports seront soumis à l'enregistrement.

Art. 32.

Ils dénonceront, au procureur de la République, tous les crimes ou délits dont ils acquerront la connaissance dans l'exercice de leurs fonctions ; ils transmettront à ce magistrat tous les renseignements, procès-verbaux et actes qui y sont relatifs. (*Code d'instruction criminelle, article 29*).

Art. 33.

Si quelque crime ou délit était commis sur le port, les capitaines et lieutenants de ports devront faire arrêter les coupables et les faire conduire devant le procureur de la République. (*Code d'instruction criminelle, article* 106).

ART. 34.

Les capitaines et lieutenants de ports pourront, dans le cas où ils seraient injuriés, menacés ou maltraités, dans l'exercice de leurs fonctions, requérir la force publique et ordonner l'arrestation provisoire des coupables, à la charge de rapporter procès-verbal. (*Loi du 13 août 1791, titre III, article* 16).

ART. 35.

Dans tous les cas où les procès-verbaux des capitaines et lieutenants de ports auront pour objet des intérêts publics ou d'administration, il en sera, par eux, adessé un double à l'Ordonnateur ou aux chefs du service administratif. (*Loi du 13 août 1791, titre III, article* 19).

ART. 36.

Lorsque des cadavres seront trouvés, soit dans les ports soit sur les rivages, les capitaines et lieutenants de ports en donneront avis au procureur de la République, et, dans les lieux où il n'y a pas de tribunal de première instance, au juge de paix.

Toutefois, dans le cas où il y aurait eu assassinat sur le port, l'enlèvement du cadavre ne pourra avoir lieu qu'autant que la justice, intervenue, l'aura dûment autorisé.

Si le cadavre a été rejeté sur la plage ou sur le quai, par le flot, et qu'il soit évident qu'il a été noyé, les capitaines et lieutenants de ports pourront le faire enlever et porter dans un lieu où tout officier de police judiciaire, ayant caractère, pourra constater le décès avant l'inhumation qui doit être faite par les soins de l'autorité municipale, dans le cas de non réclamation dudit cadavre.

(*Loi du 13 août 1791, titre I, article* 11 ; *titre III, article* 1er).

ART. 37.

Il est interdit aux capitaines et lieutenants de ports, ainsi qu'aux employés sous leurs ordres, de prendre aucun intérêt dans les pontons de carénage, les gabares, et autres embarcations de transport appartenant à des particuliers.

TITRE II.

DES PILOTES.

Art. 38.

Les pilotes de la Guadeloupe et dépendances sont placés sous les ordres des capitaines et lieutenants de ports, et sous la surveillance des commissaires de l'inscription maritime.

Ils sont entretenus et salariés sur les fonds de l'État.

Leur nombre est fixé comme suit :

Basse-Terre :
Un chef du pilotage (maître de port),
Un pilote de première ou de deuxième classe.

Pointe-à-Pitre :
Un chef du pilotage (maître de port),
Deux pilotes de première classe,
Trois pilotes de deuxième classe.

Moule :
Un pilote de première ou de deuxième classe.

Saintes :
Un pilote de première ou de deuxième classe.

Art. 39.

Le nombre des pilotes, fixé par l'article précédent, pourra être augmenté si les besoins du service l'exigent.

Art. 40.

Nul ne sera admis à servir en qualité de pilote, s'il n'est âgé de vingt-quatre ans; s'il n'a au moins six ans de navigation, pendant lesquels il aura fait au moins une année de service sur les bâtiments de l'État, et s'il n'a satisfait à un examen sur la manœuvre, la connaissance des marées, courants et écueils; des passes, bancs et sondes, et généralement des empêchements qui peuvent rendre difficiles l'entrée et la sortie des ports et rades du lieu de son établissement. (*Décret du 12 décembre 1806, article 2. — Arrêté local du 10 mars 1819, article 1ᵉʳ*).

ART. 41.

Pour être admis à l'examen, les candidats devront produire :
1° Leur acte de naissance ;
2° L'état de leurs services dûment certifié ;
3° Les certificats des capitaines des bâtiments à bord desquels ils auront navigué, attestant leur aptitude et leur bonne conduite ; ces pièces devront être visées par le commissaire de l'inscription maritime du port de désarmement du bâtiment ;
4° Et une attestation de bonne conduite délivrée par le maire de leur domicile et visée par le commissaire de l'inscription maritime du quartier.

Les services sur les bâtiments de l'État comme ceux sur les navires du commerce, devront être extraits des rôles d'armement ou de désarmement et certifiés par les administrateurs de la marine.

(*Décret du 12 décembre 1806, article 2*).

ART. 42.

L'examen des pilotes sera fait en présence du commissaire de l'inscription maritime, par une commission composée :
D'un officier de marine et du capitaine de port ;
De deux capitaines au long-cours ou, à défaut, de deux maîtres au grand-cabotage ;
De deux anciens pilotes lamaneurs.

(*Décret du 12 décembre 1806, article 3. — Arrêté local du 10 mars 1819, article 2*).

Cette commission se réunira dans les deux ports de la Basse-Terre et de la Pointe-à-Pitre, selon qu'il y aura lieu ; elle sera présidée par l'officier le plus élevé en grade, et, à grade égal, par le plus ancien.

Elle s'assemblera au bureau de l'inscription maritime, sur la convocation de l'Ordonnateur ou du chef du service administratif.

ART. 43.

L'admission des pilotes aura lieu suivant le rang qu'ils auront obtenu dans l'examen. (*Décret du 12 décembre 1806, article 4*).

Art. 44.

Les pilotes seront commissionnés par le Gouverneur, sur le vu du procès-verbal de l'examen et la proposition de l'Ordonnateur.

Les lettres des pilotes seront enregistrées au bureau de l'inscription maritime de leur résidence et au greffe du tribunal de première instance du ressort.

(*Arrêté local du 10 mars 1819, article 3*).

Art. 45.

En cas de mort, de retraite, de démission ou de destitution d'un pilote, la demande de remplacement sera adressée par les capitaines et lieutenants de ports, afin qu'il y soit statué.

Art. 46.

Les pilotes porteront, comme marque distinctive, une petite ancre d'argent de cinquante millimètres, à la boutonnière de leur habit ou gilet. (*Décret du 12 décembre 1806, article 6. — Arrêté local du 10 mars 1819, article 10*).

Art. 47.

L'ancre d'argent que les pilotes doivent porter, conformément à l'article précédent, leur sera fournie par l'administration de la marine, à laquelle elle sera rendue en cas de mort, de retraite, de démission ou de destitution.

Art. 48.

En raison de la permanence de leurs fonctions, les pilotes seront exempts d'être levés et commandés pour le service de l'État et pour tout autre service personnel. (*Décret du 12 décembre 1806, article 7. — Arrêté local du 10 mars 1819, article 4*).

Art. 49.

L'inspection du service des pilotes est exercée par les capitaines et lieutenants de ports, à charge par eux de rendre compte de la conduite des pilotes, à l'Ordonnateur, qui en référera au Gouverneur selon les occurrences et la nature des plaintes auxquelles lesdits pilotes donneraient lieu. (*Décret du 12 décembre 1806, article 12. — Arrêté local du 10 mars 1819, article 5*).

ART. 50.

Les pilotes ne pourront, sous peine de huit jours de prison, s'écarter du lieu de leur résidence, sans un congé par écrit de l'officier d'administration préposé à l'inscription maritime, qui ne devra en accorder que sur la proposition du capitaine ou lieutenant de port, et pour des causes absolument nécessaires.

Dans le cas de récidive, et si l'absence des pilotes a excédé la durée de huit jours, l'Ordonnateur en sera informé et en rendra compte au Gouverneur, qui statuera.

(*Décret du 12 décembre 1806, article 14. — Arrêté local du 10 mars 1819, article 6*).

ART. 51.

Il sera tenu, au bureau de l'inscription maritime de chaque port, une matricule particulière ou les pilotes seront enregistrés, avec indication de leur âge, du lieu de leur naissance, de leur quartier d'inscription, de leur grade au service, et de la date de leur admission comme pilotes. Les services signalés qu'ils auront rendus, les récompenses qui en auraient été la suite, leurs manquements, leurs fautes graves et les punitions qu'ils auront subies, enfin la cessation de leurs services, soit par mort, démission, infirmités ou destitution seront également ment inscrits sur la matricule. (*Décret du 12 décembre 1806, article 16*).

ART. 52.

Les pilotes qui abandonneront leurs fonctions, pour la navigation ou la pêche, seront rétablis sur les matricules des gens de mer et reprendront leur tour de levée pour le service de l'État.

ART. 53.

Les pilotes sont spécialement chargés de l'exécution des ordres des capitaines et lieutenants de ports, pour tout ce qui concerne les mouvements de la rade, le mouillage, l'entrée et la sortie des bâtiments de l'État et du commerce français et étranger.

ART. 54.

Les pilotes de service sont tenus de se rendre immédiatement à bord des bâtiments de guerre qui se présentent au mouillage, et à bord des bâtiments du commerce qui arboreront le pavillon de pilote. En cas de nécessité tous les pilotes se tiendront à leur poste, pour partir à tour de rôle.

ART. 55.

Le signe du pilote, pour tout bâtiment, est, pendant le jour, le pavillon blanc bordé de bleu, et, à défaut, le pavillon national arboré à la tête du grand mât; pendant la nuit, un feu hissé à la tête d'un des mâts.

ART. 56.

A moins de circonstances majeures, les pilotes se rendront en premier lieu à bord des bâtiments de l'État qui viendront au mouillage en même temps que des navires du commerce. (*Décret du 12 décembre 1806, article 30*).

Les pilotes doivent, sous peine de suspension, pendant huit jours, piloter les bâtiments du commerce qui se présenteront les premiers, et ne pas se rendre de préférence à bord des plus éloignés : cependant, si l'un des bâtiments en vue était en danger, les pilotes seraient tenus de l'aborder le premier. (*Décret du 12 décembre 1806, article 26*).

Il est néanmoins défendu aux pilotes de monter à bord des bâtiments contre le gré des capitaines. (*Décret du 12 décembre 1806, article 35*).

ART. 57.

Lorsqu'un pilote aura abordé un bâtiment du commerce, il requerra le capitaine de faire amener le pavillon de signal et arborer de suite le pavillon de sa nation, s'il ne l'avait déjà. (*Décret du 12 décembre 1806, article 23*).

ART. 58.

Avant de monter à bord, le pilote devra s'assurer de la pro-

2

venance du bâtiment, du caractère de la patente de santé et de
l'état sanitaire de l'équipage ainsi que des passagers. Si le
navire est suspect, le pilote s'abstiendra de monter à bord, à
moins de nécessité absolue.

Art. 59.

Si le bâtiment conduit au mouillage provient d'un pays
suspecté de contagion, ou s'il se trouve dans le cas de n'être
pas admis à la libre pratique, le pilote se placera, avec son
embarcation, à l'avant du navire, qui suivra ses mouvements
et naviguera dans son sillage, pour être conduit dans le lieu
assigné aux visites et précautions sanitaires. Le pavillon de
quarantaine sera aussitôt arboré en tête de mât, par le bâtiment suspect.

Art. 60.

Si le pilote est forcé, par des circonstances majeures, de
monter à bord d'un bâtiment suspect, il ne pourra le quitter
avant que l'autorité sanitaire n'ait statué sur l'admission dudit
bâtiment à la libre pratique.

Les hommes du canot pilote devront éviter soigneusement
toute communication, à moins de nécessité absolue qui sera
constatée par le capitaine, sous peine pour les contrevenants
d'être mis en quarantaine, sans qu'il leur soit alloué à bord
aucune nourriture.

Art. 61.

Tout pilote, retenu à bord d'un navire mis en quarantaine,
aura droit à la ration d'officier-marinier, jusqu'à ce que ledit
navire soit admis à la libre pratique.

Art. 62.

Tout pilote, qui aura négligé de se rendre à bord d'un bâtiment arrivant dans les ports de la colonie, sera passible d'une
retenue équivalant à trois jours de solde ; la retenue sera double
en cas de récidive dans l'intervalle d'un mois. Si le pilote se
rend habituellement coupable de la même négligence, il sera
suspendu de ses fonctions pendant un laps de temps qui sera déterminé par l'Ordonnateur, sur le rapport du capitaine ou lieu-

tenant de port, et qui ne pourra excéder un mois. S'il y a lieu à peine plus grave, le Gouverneur prononcera, sur le rapport de l'Ordonnateur.

Art. 63.

Les pilotes doivent être constamment en état d'aller au secours des bâtiments, soit au premier ordre, soit lorsqu'ils aperçoivent un signal de détresse. Lorsque le bâtiment en péril se trouvera dans le cas de la quarantaine, le pilote requerra l'exécution des règlements sanitaires, à l'égard de tous ceux qui se seront rendus à bord.

Tout refus de secours ou toute négligence à cet égard, de la part des pilotes, sera puni d'un mois de suspension ou de la destitution, selon la gravité des circonstances.

(*Décret du 12 décembre 1806, article 24*).

Art. 64.

Les pilotes, se rendant au devant des navires, doivent se conformer, dans quelque cas que ce soit, aux instructions sur la police sanitaire, à peine de quinze jours de prison ou d'une suspension pendant un mois ; si la contravention entraîne quelqu'évènement funeste, les pilotes contrevenants encourront, en outre, les peines prévues par les lois sanitaires.

Tous autres individus qui, à l'arrivée des navires, auront contrevenu aux lois sanitaires, seront immédiatement livrés aux tribunaux.

Art. 65.

Tout pilote, qui entreprendra, étant ivre, de piloter un bâtiment, sera condamné à un mois de suspension. En cas de récidive, il sera destitué.

Art. 66.

Tout pilote, qui s'étant chargé de conduire un bâtiment de l'État ou du commerce, et ayant déclaré en répondre, l'aura échoué ou perdu, par négligence, ignorance ou volontairement, sera poursuivi conformément aux lois maritimes. (*Décret du 12 décembre 1806, article 31*).

Art. 67.

Le capitaine du bâtiment est tenu, aussitôt que le pilote est à bord, de lui déclarer combien le navire tire d'eau, sous peine de répondre des évènements, s'il a recélé plus de trois décimètres (dix pouces). Le capitaine doit aussi faire connaître la marche du navire, ses qualités et défauts, afin que le pilote puisse régler sa manœuvre en conséquence. (*Décret du 12 décembre 1806, article 32*).

ART. 68.

Tout capitaine' qui aura refusé de prendre un pilote, soit à l'entrée, soit à la sortie du port, sera responsable des évènements, et, s'il perd le navire, il sera jugé par les tribunaux compétents. (*Décret du 12 décembre 1806, article 34*).

ART. 69.

Les propriétaires des navires, chargeurs ou tous autres intéressés, pourront contraindre les capitaines à prendre des pilotes, et ils auront la faculté de les poursuivre devant les tribunaux, en cas d'avaries, échouement et naufrage occasionnés par le refus d'obéir à cette injonction. (*Décret du 12 décembre 1806, article 34*).

ART. 70.

Ne seront point tenus de prendre des pilotes, les bâtiments caboteurs français et étrangers. (*Décret du 12 décembre 1806, article 34*).

ART. 71.

Dans le cas ou des bateaux pêcheurs et autres rencontreraient à la mer un navire en danger de faire naufrage et qui n'aurait pu être secouru par les pilotes, ou si le secours de ceux-ci se trouvait insuffisant, lesdits pêcheurs et autres porteront au navire en péril toute l'assistance possible.

Dans ce cas, il leur sera alloué une rétribution proportionnée aux services rendus; cette rétribution sera réglée par le tribunal de commerce du ressort, pour les navires du commerce, et par l'administration de la marine, pour les bâtiments de l'État.

Les pêcheurs et autres seront tenus, en montant à bord d'un bâtiment qui n'aurait pas une pratique, de déclarer au capitaine

qu'ils ne sont pas pilotes reçus et de faire arborer le pavillon de
pilote, le tout sous les peines prévues par l'article 73.

ART. 72.

Si le pilote se présente à bord du bâtiment qui aura reçu un
pêcheur, avant que les lieux dangereux soient passés, le salaire
du pêcheur sera réglé, eu égard aux circonstances et à la distance parcourue, conformément à l'article précédent. (*Décret
du* 12 *décembre* 1806, *article* 27).

ART. 73.

Il est défendu à tout marin, qui ne serait point reçu pilote, de
se présenter pour conduire les navires à l'entrée et à la sortie
des ports, à moins qu'il n'ait été requis, à cet effet, par le
commissaire de l'inscription maritime ou par le capitaine de
port; les contraventions seront punies, pour la première fois,
d'une amende qui ne pourra excéder cinquante francs et de
cinq jours de prison; la peine sera double en cas de récidive.
(*Décret du* 12 *décembre* 1806, *article* 29).

Néanmoins, si des pêcheurs ou autres navigateurs étaient
requis en mer, par les capitaines de navires, avant que le
bateau pilote ne fût en vue, ils pourront piloter lesdits navires
jusqu'au moment ou le pilote sera monté à bord, et, à
défaut, jusqu'au mouillage.

ART. 74.

Si le canot du pilote, abordant un navire à la mer, éprouvait
quelques avaries, par suite de la mauvaise manœuvre de ce
navire, elles seront réparées aux frais dudit navire et de la
cargaison. En cas de refus du capitaine, le fait sera constaté par
une enquête où seront appelés l'équipage du navire et celui du
canot, et la contestation sera renvoyée devant les tribunaux.
(*Décret du* 12 *décembre* 1806, *articles* 46 *et* 47).

ART. 75.

Les pilotes devront, à leur arrivée à bord des navires, prévenir les capitaines qu'il est défendu, à moins de permission

spéciale, délivrée par les capitaines ou lieutenants de ports aux *bon-boats*, pirogues et canots, de se rendre à leur bord, avant qu'ils n'aient fait leur déclaration au commandant du stationnaire, ou, à défaut, au commandant marchand.

Les canots des pilotes, de la santé, du stationnaire, de la douane, de la poste et du commissaire de l'inscription maritime, sont les seuls qui puissent communiquer sans autorisation préalable.

Ces communications seront toujours subordonnées aux mesures sanitaires que les circonstances pourront commander et que les pilotes indiqueront aux capitaines.

Les pilotes feront connaître, en même temps, aux capitaines les formalités qu'ils ont à remplir, en vertu des articles 139, 141, 142, 144 et 146 du présent arrêté.

Art. 76.

Les pilotes qui conduiront au mouillage un navire sur lest, ne permettront pas qu'il soit placé du lest sur le pont, ni à portée d'être jeté à la mer; ils s'opposeront à ce qu'il en soit versé dans les passes, rades et ports; et si, malgré la défense, il en avait été jeté à l'eau, ils en rendront compte, aussitôt leur mission remplie, au capitaine ou lieutenant de port.

A défaut d'avoir signalé cette contravention, les pilotes seront punis de huit jours de prison.

(*Décret du 12 décembre 1806, article 36*).

Art. 77.

Ils s'enquerront du capitaine de la quantité de poudre qu'il a à bord, et le préviendront qu'il doit la déposer à terre, dans les magasins de l'artillerie, pendant son séjour en rade, pour ne la reprendre qu'au départ. Ils rendront compte immédiatement de la déclaration qui leur aura été faite, à cet égard, au capitaine ou lieutenant de port, sous la surveillance duquel doivent s'opérer lesdits débarquement et réembarquement.

Avant de mettre le navire à quai, les pilotes feront décharger les fusils, canons et toutes armes à feu qui se trouveraient à bord.

Toute négligence à cet égard sera punie de huit jours de prison.

(*Décret du 12 décembre 1806, article 23*).

ART. 78.

Les pilotes s'assureront, à l'entrée des navires, de l'état dans lequel se trouvent leurs cables, chaînes, ancres et bouées; ils en rendront compte au capitaine ou lieutenant de port.

ART. 79.

En temps de paix, les pilotes doivent mouiller, en tête de rade, les bâtiments du commerce qui se présenteront avant le lever ou après le coucher du soleil.

En temps de guerre et pendant l'hivernage, les pilotes doivent, avant tout, même pendant la nuit, mettre en sûreté les bâtiments dont ils auront pris la conduite.

ART. 80.

Il est expressément défendu aux pilotes, sauf le cas où ils seraient requis par le capitaine ou lieutenant de port, pour dégager un bâtiment en danger, de quitter les navires qu'ils conduiront, avant qu'ils soient ancrés dans la rade ou amarrés dans le port, ainsi que d'abandonner ceux qu'ils sortiront avant qu'ils soient en pleine mer, et au delà des dangers. Les contraventions, à cet égard, seront punies de trente francs d'amende et de la suspension pendant quinze jours, et de plus forte peine, s'il y a lieu.

Il est défendu aux capitaines de retenir les pilotes au delà du passage des dangers.

(*Décret du 12 décembre 1806, article 35*).

ART. 81.

Il est interdit aux pilotes de rien exiger, ni recevoir, des capitaines de bâtiments, dans les limites réglées pour le pilotage, au delà de la nourriture qui leur est due pendant leur séjour à bord, sous peine de restitution de ce qu'ils auraient perçu et de six jours de suspension. (*Décret du 12 décembre 1806, article 40*).

ART. 82.

En cas de tempête et de péril évident, une indemnité particulière, fixée par le tribunal de commerce, sera payée aux pilotes par le capitaine du navire. (*Décret du 12 décembre 1806, article 43*).

ART. 83.

Toutes promesses faites aux pilotes et aux marins, dans les dangers de naufrages, sont nulles. (*Décret du 12 décembre 1806, article 44*).

ART. 84.

Le pilote, qui manquerait au respect dû au capitaine du bâtiment, sera puni d'une suspension de quinze jours.

Si le manquement de respect, de la part du pilote, était accompagné de menaces ou de voies de fait, le pilote serait arrêté et traduit devant les tribunaux, pour être jugé conformément à la loi, sans préjudice de la suspension prononcée par le paragraphe précédent, ou de plus forte peine, suivant la gravité des faits.

(*Décret du 12 décembre 1806, article 25*).

ART. 85.

Tout capitaine qui aurait à réclamer, relativement au service du pilotage, devra faire son rapport au capitaine ou lieutenant de port, dans les vingt-quatre heures de l'arrivée, s'il est en libre pratique, et dans les quarante-huit heures, s'il est en quarantaine. Ces délais expirés, aucune réclamation ne sera reçue.

ART. 86.

Si un capitaine, ou toute autre personne du bord, molestait un pilote en fonctions, par injures, menaces, voies de fait ou autrement, il sera renvoyé devant les tribunaux. Si le fait se rapporte au capitaine, il sera, en outre, rendu compte de sa conduite, au Gouverneur pour les maîtres au cabotage, et au Ministre pour les capitaines au long-cours.

Art. 87.

Il est enjoint aux pilotes de visiter journellement les rades et entrées des ports, où ils sont établis, de lever les ancres qui y auront été laissées sans bouées, d'en faire, dans les vingt-quatre heures, la déclaration au capitaine ou lieutenant de port et au commissaire de l'inscription maritime. (*Décret du 12 décembre 1806, article 37*).

S'ils reconnaissent quelques changements dans les fonds et passages ordinaires des bâtiments, et que les bouées, tonnes, balises et corps-morts, ne soient pas bien placés, ils seront tenus d'en faire également la déclaration. (*Décret du 12 décembre 1806, article 38*).

Ils rendront compte immédiatement des évènements de mer venus à leur connaissance.

Art. 88.

Les ancres et cables abandonnés, par les capitaines de navires, et dont la déclaration aura été faite, conformément à l'article 190, seront levés, au premier temps opportun, par les pilotes, dans le cas où il n'y aurait pas déjà été pourvu par les équipages mêmes desdits bâtiments, ou par d'autres.

Lorsque lesdites ancres seront trouvées sans bouées, si le bâtiment est français, les sauveteurs auront droit au quart de la valeur des ancres et cables; ils n'auront droit qu'au sixième de cette valeur, si les ancres sont trouvées avec bouées. A l'égard des ancres, cables ou chaines, provenant de bâtiment étranger, les sauveteurs auront droit à la moitié de la valeur si l'ancre a été trouvée sans bouée, et au tiers si elle était marquée par une bouée; le tout suivant estimation à dire d'experts, nommés contradictoirement par le président du tribunal de commerce et par le commissaire de l'inscription maritime, à défaut du capitaine ou patron du bâtiment, auquel les objets sauvetés ont appartenu.

Si l'ancre provenait d'un bâtiment de l'État, elle serait levée par les soins de l'administration de la marine et du capitaine ou lieutenant de port, et les frais de sauvetage seront payés aux pilotes en proportion des travaux qui auront eu lieu. (*Décret du 12 décembre 1806, article 39*).

En cas de désaccord entre les deux experts nommés, en vertu du deuxième paragraphe du présent article, ils pourront en appeler un troisième pour les départager.

Art. 89.

Les pilotes ou autres qui couperont les orins des ancres laissées, ou enlèveront les bouées, seront traduits devant les tribunaux, pour être jugés.

Art. 90.

Dans le cas où des ancres et cables, ou tous autres objets, qui sont perdus depuis longtemps et dont l'existence était inconnue ou entièrement oubliée, seraient retirés du fond de l'eau par les pilotes, ils en feront la déclaration au bureau de l'inscription maritime, dans les vingt-quatre heures, et le dépôt en aura lieu à l'endroit qui sera indiqué. Un procès-verbal constatera l'accomplissement de cette formalité. Le défaut de déclaration sera puni d'une amende de cinquante francs.

Le règlement des droits des sauveteurs aura lieu conformément aux dispositions des articles 27 et 28 du titre IX, livre IV, de l'ordonnance du mois d'août 1681.

Lors des déclarations de sauvetage des ancres, chaînes et cables, les commissaires de l'inscription maritime auront soin de vérifier, par des interrogatoires sur faits et circonstances, et, au besoin, par voie d'enquête, si lesdites déclarations sont conformes à la vérité.

Art. 91.

Il est formellement défendu aux pilotes de se livrer à aucune occupation qui puisse les détourner de leurs fonctions ; la pêche aux filets leur est interdite ; ils peuvent seulement pêcher à la ligne pour leur nourriture.

Art. 92.

Tout pilote, convaincu d'avoir fait ou favorisé la fraude,

sera signalé au Gouverneur, pour être destitué, sans préjudice des autres peines qu'il aura pu encourir.

EMBARCATIONS ET CANOTIERS DU PILOTAGE.

ART. 93.

Il est affecté au service du pilotage des ports de la colonie sept embarcations réparties de la manière suivante :

Port de la Basse-Terre...................... 1
— de la Pointe-à-Pitre.................... 4

(*Deux pour la station intérieure, deux pour la station extérieure*).

Port du Moule............................ 1
— des Saintes........................... 1

Ces embarcations, sauf celle des Saintes, seront armées exclusivement par des marins inscrits, répartis comme suit :

Port de la Basse-Terre...................... 4
— de la Pointe-à-Pitre.................... 16
— du Moule 4

La solde des canotiers du pilotage sera fixée par l'Ordonnateur, suivant l'exigence des localités; elle sera payée mensuellement sur les fonds du service intérieur.

Les embarcations du pilotage seront fournies et entretenues au compte du même service.

ART. 94.

Le service du pilotage des Saintes n'exigeant pas la présence continuelle de canotiers, l'administration est autorisée à en prendre toutes les fois que le pilote sera obligé d'aller à bord d'un bâtiment. Le salaire à payer sera réglé de gré à gré.

ART. 95.

Le nombre d'embarcations et de canotiers, porté dans l'article 93, pourra être augmenté si les besoins du service l'exigent.

ART. 96.

Les canots pilotes porteront un pavillon blanc bordé de bleu.

Toutes les fois que les canots pilotes iront au devant des

bàtiments, leur pavillon sera déployé et conservé jusqu'au moment où ils aborderont lesdits bâtiments.

Art. 97.

Les capitaines et lieutenants de ports devront veiller à ce que les embarcations du pilotage soient toujours tenues disponibles et en bon état de conservation.

DISPOSITIONS SPÉCIALES AU PORL DE MA POINTE-A-PITRE.

Art. 98.

Le service du pilotage à la Pointe-à-Pitre est divisé en deux stations : l'une extérieure, établie à l'îlet à Gosier, et l'autre, de l'intérieur de la rade, à l'îlet à Cochon.

Art. 99.

Les pilotes roulent entre eux pour tout le service, et sont répartis ainsi qu'il suit :
Deux à la station extérieure ;
Trois à la station intérieure.
Les pilotes de la station extérieure sont relevés à tour de rôle, d'après un ordre de service établi par le capitaine de port, sous l'approbation de l'Ordonnateur.

Art. 100.

Dès qu'un bâtiment de guerre ou du commerce, en vue, manœuvrera pour entrer à la Pointe-à-Pitre, le pilote de la station extérieure devra se porter au devant de ce bâtiment, de manière à pouvoir le joindre immédiatement, et, au plus tard, avant qu'il ait coupé la ligne N. et S. qui passe par le milieu de l'îlet à Gosier.
Les bâtiments de l'État seront conduits au mouillage par le pilote, et les navires du commerce jusqu'au lieu qui aura été déterminé d'avance par le capitaine de port.

Art. 101.

Le pilote qui aura conduit un bâtiment dans le port, aura

soin de faire constater, par un certificat du capitaine, le point de distance auquel il l'aura abordé.

Toute contestation, à cet égard, sera soumise à la décision du capitaine de port.

A cet effet, les pilotes seront munis de certificats imprimés.

ART. 102.

Le pilote de la station extérieure qui, sauf des circonstances de force majeure dûment justifiées, n'aura pas abordé un bâtiment se présentant pour entrer dans le port, au moins au point déterminé par l'article 100, sera puni d'un amende de trente francs.

Dans ce cas, le pilote de la station intérieure se portera immédiatement au devant dudit bâtiment, pour le conduire au mouillage.

L'amende prévue par le premier paragraphe du présent article, sera doublée en cas de récidive, sans préjudice des peines plus fortes, si le pilote se montrait incorrigible.

ART. 103.

Le pilotage des navires, à la sortie, est exclusivement réservé aux pilotes de la station intérieure.

ART. 104.

Les capitaines des bâtiments du commerce, qui se disposeront à faire leur sortie, seront tenus d'en prévenir vingt-quatre heures à l'avance le capitaine de port, qui commandera le pilote de tour. Ils hisseront le pavillon pilote en tête du mât de misaine.

DISPOSITIONS SPÉCIALES AU PORT DU MOULE.

ART. 105.

Toutes les fois qu'un navire se présentera devant le port du Moule, si le temps est mauvais, s'il y a raz-de-marée, si la rivière déborde et surtout si les vents de N. ou N. E. soufflent à grains, un pavillon rouge sera hissé au mât de la batterie. Ce signal indiquera au bâtiment en vue qu'il doit s'éloigner de la terre. Le capitaine devra alors manœuvrer de manière à s'élever de la côte et à se tenir dans une position convenable pour attaquer le port.

Dès que le moment sera favorable, il sera hissé au même mât un pavillon blanc bordé de bleu. Ce signal indiquera au bâtiment que le pilote est dehors et qu'il doit, en conséquence, gouverner sur la terre.

Art. 106.

Aussitôt que le pilote sera rendu à bord, il devra renvoyer son canot à terre, afin de faire connaître au lieutenant de port le tirant d'eau du bâtiment. Il ne donnera dans les passes qu'autant que le signal de sa sortie aura été amené.

Art. 107.

Le navire occupant la tête de la ligne du mouillage fournira des amarres au navire entrant; à défaut, les amarres seront prises dans le magasin du port.

Les dommages qui pourraient résulter de l'usage de ces amarres, seront réglés, dans l'un et l'autre cas, conformément aux articles 175 et 176.

APPLICATION DES PEINES ET DÉLITS.

Art. 108.

Les peines de la prison et de la suspension pendant un mois, encourues par les pilotes, seront prononcées par l'Ordonnateur, sur le rapport du capitaine ou lieutenant de port, ou du chef du service administratif.

Toutefois, la prison simple pourra être provisoirement infligée aux pilotes, par les chefs du service administratif, dans les dépendances.

La suspension pendant plus d'un mois et la destitution, seront prononcées par le Gouverneur, lorsqu'il y aura lieu, sur le rapport de l'Ordonnateur.

Les pilotes de première classe peuvent, sur les mêmes titres, être ramenés disciplinairement de la première classe à la seconde classe.

Art. 109.

Dans tous les cas comportant punition, la peine sera double

lorsque le délit aura été commis à bord des bâtiments de l'État. (*Décret du 12 décembre 1806, article 52*).

Art. 110.

La suspension ou l'emprisonnement d'un pilote entraîne la privation de la moitié de sa solde, pendant la durée de sa peine.

Art. 111.

Les délits qui pourront donner lieu à des peines plus graves, en matière correctionnelle ou criminelle, seront jugés par les tribunaux. (*Décret du 12 décembre 1806, article 50*).

Art. 112.

Lorsque les délits auront été commis à bord des bâtiments de l'État, ou que les faits seront, par leur nature, de la compétence de l'autorité maritime et qu'ils intéresseront le service de la marine, ils seront jugés suivant les lois et règlements de la marine. (*Décret du 12 décembre 1806, article 51*).

Art. 113.

Le montant des amendes prononcées contre les pilotes sera versé à la caisse des invalides de la marine. (*Décret du 12 décembre 1806, article 53*).

Art. 114.

Expédition des jugements prononcés contre les pilotes sera adressée à l'administrateur de la marine, dans le quartier d'inscription des pilotes, afin qu'il en soit pris note sur la matricule. (*Décret du 12 décembre 1806, article 54*).

DISPOSITION D'ORDRE.

Art. 115.

Chaque pilote sera muni d'un exemplaire du présent règlement dont l'extrait, en ce qui concerne le pilotage, sera placardé dans le bureau du commissaire de l'inscription maritime et dans celui du capitaine ou lieutenant de port, de chaque localité.

TITRE III.

DU STATIONNAIRE.

ART. 116.

Le commandant du stationnaire est chargé de la police des équipages des bâtiments du commerce français, mouillés dans la rade ou dans le port, sans toutefois s'immiscer en rien dans les délits qui pourraient être la conséquence du séjour à terre des marins, et qui sont de la compétence des autorités civiles ou judiciaires. Si des contraventions à la police des ports et rades venaient à sa connaissance, il renverrait les délinquants devant le capitaine ou lieutenant de port, qui a seul caractère pour dresser les procès-verbaux relatifs auxdites contraventions.

Il doit exiger des capitaines l'exécution des règles établies par le présent arrêté et par les règlemeuts sur la police de la navigation et sur la police sanitaire, ainsi que de tous ordres généraux qui pourraient être donnés à cet égard.

ART. 117.

Le commandant du stationnaire désignera, chaque jour, le navire du commerce français qui devra fournir l'embarcation pour la ronde prescrite par le titre V.

ART. 118.

A l'arrivée des navires français et étrangers, le commandant du stationnaire doit envoyer à bord une embarcation, afin de connaître la provenance desdits navires et de s'assurer s'il y a lieu ou non à les soumettre aux règlements de police sanitaire.

ART. 119.

Le commandant du stationnaire ne laissera sortir aucun bâtiment ou bateau ayant voile que sur le vu du billet de passe délivré par le port.

ART. 120.

l enverra un canot à bord de tout bâtiment qui appareillerait sans avoir rempli les formalités prescrites par le précédent article. Si le canot ne pouvait atteindre le bâtiment, il serait tiré un ou plusieurs coups de canon à poudre seulement; enfin, si le bâtiment n'obéissait pas à l'injonction, il sera fait un rapport spécial qui sera transmis au Ministre pour prononcer sur la conduite des capitaines au long-cours et faire prononcer sur la conduite des capitaines étrangers; le Gouverneur statuera à l'égard des maîtres des bâtiments caboteurs.

En temps de guerre, le deuxième coup de canon d'avertissement et les suivants seront tirés à boulets.

Les dispositions du présent article sont applicables à tout navire ou bateau arrivant qui communiquerait avant que les formalités de l'article 118 n'aient été remplies.

Art. 121.

Le commandant du stationnaire fera faire l'appel à bord des bâtiments sortants, pour s'assurer qu'il ne s'y trouve point d'individus qui ne seraient portés sur le rôle d'équipage.

S'il se trouvait à bord des bâtiments des personnes non inscrites sur le rôle, le commandant du stationnaire les ferait conduire à son bord, pour les mettre à la disposition de l'autorité civile ou maritime, suivant qu'il s'agira de passagers ou de marins, et il dressera une plainte contre les capitaines délinquants.

Art. 122.

Il sera tenu, à bord du stationnaire, un registre sur lequel seront exactement inscrits, par ordre, les noms des bâtiments marchands entrant ou sortant, et les noms des capitaines qui les commandent. Il y sera pris note du lieu et du jour de leur départ et de leur arrivée, comme aussi de la date de leur sortie et du lieu de leur destination.

Art. 123.

Le commandant du stationnaire rendra compte au Gouverneur de tous les faits de quelqu'intérêt qui seraient portés à sa connaissance par les capitaines venant d'Europe ou des pays étrangers.

Art. 124.

Toutes les fois que des bâtiments seront en danger, et en cas d'alerte ou d'incendie dans la rade, dans le port ou dans la ville, le commandant du stationnaire devra porter toute assistance que les moyens du bord pourront lui permettre. Il s'assurera que les bâtiments du commerce exécutent les ordres que le capitaine de port pourra leur donner à cet égard.

TITRE IV.

DU COMMANDANT MARCHAND.

ART. 125.

Lorsqu'il ne se trouvera pas de bâtiment stationnaire ou de bâtiments de l'État mouillés éventuellemnt dans les ports et rades de la colonie, le plus ancien des capitaines des navires du commerce français, réunis au mouillage, sera investi de droit du commandement de la rade et tenu à toutes les obligations imposées, en ce qui concerne les navires du commerce, au service de stationnaire. (*Consigne générale du 20 octobre 1763, article 7. — Ordonnance locale du 18 avril 1772, article 10*).

ART. 126.

Le commandant marchand arborera, comme signe de distinction, une flamme nationale au mât de misaine.

Il amènera cette flamme dès qu'un bâtiment de l'État se présentera au mouillage. Il pourra toutefois la conserver avec l'autorisation de l'officier qui commandera ce bâtiment.

(*Ordonnance locale du 18 avril 1772, article 15. — Ordonnance royale du 31 octobre 1827, article 23*).

ART. 127.

Le commandant marchand recevra, sur inventaire, de son prédécesseur, et remettra, dans les mêmes formes, à son remplaçant, les archives du commandement de la rade, ainsi que tous les autres documents relatifs à ce service. Il agira de même à l'égard de la poudre, des gargousses et boulets, pavillons de signaux, flammes, barres de justice et autres objets, qui auraient été déposés à son bord pour le service de la rade.

Le commandant marchand est personnellement responsable de ceux de ces objets qu'il ne pourrait reproduire et dont il ne justifierait pas légalement la perte ou la consommation.

ART. 128.

Le commandant marchand sera tenu de faire exécuter tous les ordres relatifs à la police de la rade et du port, qui lui seront transmis par le capitaine de port.

ART. 129.

Toutes les fois que le commandant marchand aura des ordres à communiquer aux navires en rade, il mettra la flamme d'ordre. Tous les navires qui y sont mouillés seront tenus d'envoyer sur-le-champ à son bord un canot et un officier, pour recevoir les ordres, à peine de cinquante francs d'amende contre les contrevenants, et de cent francs, en cas de récidive.

Le signal pour appeler les bâtiments à l'ordre, sera appuyé d'un coup de canon à poudre.

(*Consigne générale du 20 octobre 1763, article* 8).

ART. 130.

Le commandant marchand donnera des ordres aux capitaines du commerce, pour toute assistance à porter aux bâtiments arrivant ou partant, ou à ceux qui seraient en péril.

ART. 131.

Il rendra compte, au capitaine de port, des faits qui auraient été reconnus dans les rondes et de toutes les circonstances qui pourraient intéresser la police de la rade et la sûreté des bâtiments.

TITRE V.

DES RONDES.

ART. 132.

Tous navires français, à l'exception du commandant marchand, fourniront, tour à tour, une chaloupe armée et un officier pour la ronde. Il sera fait au moins une ronde toutes les nuits. (*Ordonnance locale du 18 avril 1772, article 13*).

Toutefois, le commandant marchand et même le stationnaire, seront dans l'obligation de fournir la chaloupe de ronde, dans le cas où les navires français, mouillés en rade ou dans le port, n'atteindraient pas le chiffre de six.

ART. 133.

L'officier de ronde se rendra chaque jour, à six heures du soir, à bord du stationnaire, et, à défaut, à bord du commandant marchand, pour prendre ses ordres sur l'heure de la ronde. Sa mission sera de veiller à ce que les feux soient éteints et les canots hissés à neuf heures du soir ; de faire raisonner les gens de quart, pour s'assurer de leur vigilance. Il devra se faire reconnaître à bord du stationnaire ou à bord du commandant marchand ; il s'oposera à ce que l'on embarque ou débarque des marchandises pendant la nuit, et avertira la douane des contraventions qu'il apercevrait ; il se rendra à bord de tout bâtiment qui entrera la nuit, dans la rade ou le port, et s'assurera que ledit bâtiment s'est pourvu de l'autorisation nécessaire à bord du stationnaire ou à bord du commandant marchand ; il se rendra aussi aux signaux qui lui seront faits, et aux endroits où il entendrait quelque rumeur ; il exécutera tous autres ordres concernant la police de la rade, qui lui seraient donnés par le stationnaire, le commandant marchand, ou par le capitaine de port. (*Consigne générale du 20 octobre 1763, article 10, 11 et 12. — Ordonnance locale du 18 avril 1772, article 16*).

ART. 134.

Si l'officier de ronde s'apercevait que quelque bâtiment eût besoin d'assistance, il en avertirait immédiatement le stationnaire ou le commandant marchand et se rendrait, avec la chaloupe de ronde et celles des autres navires, pour porter des secours où ils seraient nécessaires. (*Consigne générale du 20 octobre 1763, article 14*).

ART. 135.

Le navire chargé des rondes sera tenu d'envoyer à terre sa

chaloupe ou son canot toutes les fois qu'il en sera requis par le capitaine de port. (*Consigne générale du 20 octobre 1765, article 12*).

Art. 136.

En cas d'incendie dans la rade ou dans le port, la chaloupe de ronde se rendra immédiatement aux ordres du capitaine de port, qui fera placer à bord la pompe à incendie et tous autres moyens de secours.

Art. 137.

L'officier de ronde consignera, dans un rapport spécial, le résultat de la ronde qu'il aura faite. Ce rapport sera remis au stationnaire ou au commandant marchand, lors même qu'il n'aurait rien à y indiquer ; dans ce cas, il servira à constater que la ronde a été faite. (*Ordonnance locale du 18 avril 1772, article 14*).

TITRE VI.

DE LA POLICE DES PORTS ET RADES.

Art. 138.

Tout bâtiment du commerce est tenu, aussitôt en vue des rades et ports de la colonie, d'arborer le pavillon de sa nation, et, s'il est français, son signe d'arrondissement.

Tout bâtiment entré pendant la nuit devra arborer son pavillon au point du jour suivant.

Tout bâtiment sortant du port sera également tenu d'arborer son pavillon.

Art. 139.

Aucun bâtiment du commerce français ou étranger arrivant ne pourra avoir d'autres communications que celles prévues par l'article 75, avant que le capitaine n'ait fait sa déclaration au commandant du stationnaire.

Art. 140.

Les capitaines arrivant sont dans l'obligation de mouiller

leur navire aux lieux qui seront indiqués par les pilotes.

Art. 141.

Nul capitaine, officier, marin ou passager, arrivant dans la colonie, ne pourra communiquer, ni descendre à terre, avant que le bâtiment n'ait été admis à la libre pratique.

Art. 142.

Tout capitaine de navire du commerce arrivant doit, dès qu'il a reçu l'entrée, se rendre à bord du stationnaire ou du commandant marchand, avant de descendre à terre. Il recevra à bord de l'un de ces bâtiments un exemplaire du présent arrêté et un exemplaire de l'arrêté sur la police de la navigaiton, qu'il devra remettre au départ (1).

Un certain nombre d'exemplaires des deux arrêtés sera, à cet effet, déposé à bord du bâtiment chargé du service de la rade.

A défaut de stationnaire ou de commandant marchand le dépôt en aura lieu au bureau du capitaine ou lieutenant de port qui en fera faire la remise au bâtiment par le pilote.

Art. 143.

Dans le cas où un capitaine marchand ne pourrait représenter, au départ, les exemplaires qui lui auraient été remis, il en verserait la valeur entre les mains du commandant du stationnaire, du commandant marchand ou du capitaine de port, qui en ferait la remise au trésor, dans la forme qui sera déterminée par l'Ordonnateur.

Art. 144.

Dans les rades et ports où il se trouvera des bâtiments de l'État, les capitaines des navires français se rendront à bord du commandant pour le prévenir de leur arrivée ou de leur départ, lui communiquer les avis qui pourraient intéresser le service, et prendre ses ordres concernant la police de la rade.

Le commandant du bâtiment de l'État est autorisé à punir,

---

(1) L'exemplaire de l'arrêté sur la police de la navigation ne devra être remis qu'aux capitaines des bâtiments français.

d'un à huit jours d'arrêts à leur bord, les capitaines du commerce qui se refuseraient à remplir ces devoirs. Toutefois, si les intérêts qui leur sont confiés ne permettaient pas l'application immédiate de cette punition, elle ne sera infligée auxdits capitaines qu'à l'époque de leur retour en France. Dans ce cas, la condamnation aux arrêts sera consignée sur le rôle d'équipage.

(*Ordonnance du 25 mai 1745, articles 1ᵉʳ, 2 et 6. — Ordonnance du 31 octobre 1827, article 101*).

Art. 145.

L'officier commandant fera connaître aux capitaines arrivant les divers signaux et ordres de service qui auront rapport à la police de la rade.

Art. 146.

Aussitôt leur arrivée, les capitaines seront tenus de se présenter au bureau du capitaine ou lieutenant de port pour y déclarer leur entrée. Ils se conformeront à ce qu'il leur prescrira, ou leur aura fait prescrire par les pilotes, pour la place que doivent occuper leurs bâtiments et ne les pourront faire mouiller dans un autre endroit que celui indiqué, à peine d'une amende de cent francs. (*Consigne générale du 20 octobre 1765, article 4*).

Art. 147.

En temps de guerre ou d'état de siége, chaque capitaine de bâtiment arrivant remettra, le même jour, au commandant de la place, une déclaration arrêtée et signée, contenant l'état des passagers qu'il a à bord. Aucun passager ne pourra débarquer sans l'autorisation dudit commandant.

Art. 148.

Les capitaines qui auront à bord de la poudre de guerre devront en faire la déclaration aux pilotes, avant l'entrée, ainsi qu'il est prescrit par l'article 77. Leurs bâtiments seront mouillés dans les lieux indiqués par le capitaine de port, jusqu'à ce que la poudre ait été débarquée et déposée dans les poudrières de la colonie. (*Décret du 12 décembre 1806, article 25*).

Tant que les poudres seront à bord, le pavillon rouge sera arboré en tête du grand mât.

Les capitaines contrevenant seront passibles d'une amende de cinquante francs, sans préjudice des peines plus fortes qui pourraient être prononcées par les tribunaux, suivant l'exigence des cas. (*Ordonnance de* 1681, *livre IV, titre I, article* 6).

ART. 149.

Tout capitaine qui, malgré la défense du pilote, mettrait du lest sur le pont, ou à portée d'être jeté à la mer, pendant qu'il serait dans les passes ou canaux, sera condamné à une amende de cent francs.

ART. 150.

Tout capitaine de navire, venant de la mer, sera tenu, en faisant son rapport au capitaine de port, de lui déclarer la quantité de lest qu'il a à son bord, à peine de vingt francs d'amende. (*Ordonnance de* 1681, *livre IV, titre IV, article* 1er).

ART. 151.

Après avoir pris l'autorisation du capitaine de port, les capitaines des bâtiments pourront transborder leur lest, soit de bord à bord, soit au moyen de gabares ou alléges, en le faisant passer par dessus une *voile* ou *prélat*, tenant aux bords, tant du bâtiment que de la gabare, pour empêcher que le lest ne tombe à la mer.

Les contrevenants seront passibles solidairement d'une amende de cinquante francs.

(*Ordonnance de* 1681, *livre IV, titre IV, article* 4).

ART. 152.

Il est défendu à tout capitaine de bâtiment de décharger son lest dans d'autres lieux que ceux qui seront indiqués par le capitaine de port. (*Ordonnance de* 1681, *livre IV, titre IV, article* 5).

Les contrevenants seront passibles d'une amende de cent francs.

ART. 153.

Les capitaines des navires qui jetteront leur lest dans les ports, passes, canaux ou bassins, encourront les peines prévues par l'article 6, titre IV, livre IV, de l'ordonnance du mois d'août 1681.

Art. 154.

Les capitaines qui lesteront ou délesteront leur navire, et les maîtres et patrons de gabares qui travailleront au lestage et au délestage d'aucun bâtiment, pendant la nuit, encourront les peines prévues par l'article 7, titre IV, livre IV, de l'ordonnance du mois d'août 1681.

Art. 155.

Les matières utiles au commerce, employées comme lest, telles que tuiles, briques, chaux, sables et autres, pourront être considérées comme marchandises et débarquées à quai, après avoir pris les précautions indiquées en l'article 151 pour que l'embarquement ou le débarquement n'en laisse tomber aucune partie dans le port.

Art. 156.

Il est défendu de jeter des bâtiments aucun objet qui puisse contribuer au comblement des ports, ni être porté par la mer le long des quais pour en embarrasser l'approche, à peine de dix francs d'amende. (*Ordonnance de* 1681, *livre IV, titre I, article 1er*).

Art. 157.

Les capitaines des bâtiments du commerce auront toujours soin de se munir, à leur départ des ports de France, de cables et ancres en bon état, en nombre et dimensions suffisants, pour s'amarrer aux distances voulues de terre, afin de soutenir leur navire et d'effectuer les rechanges nécessaires en cas de mauvais temps. (*Consigne générale du* 20 *octobre* 1763, *article* 5).

Art. 158.

Lorsque les bâtiments seront entrés dans le port ou qu'ils devront séjourner sur la rade, les capitaines feront rentrer les bouts-dehors de beaupré. Il leur est défendu de mettre les voiles au sec, quand il y aura apparence de gros vent, et, lorsque le

temps aura permis de le faire, elles devront être serrées au
eoucher du soleil.

ART. 159.

Les navires du commerce français, mouillés dans les ports
et rades de la colonie, porteront le pavillon national à la poupe.
(*Ordonnance du 31 octobre 1827, article 34*).

ART. 160.

Lorsqu'un bâtiment marchand arborera le pavillon de poupe,
il sera tenu de hisser, en même temps, son pavillon d'arrondissement. (*Ordonnance du 31 octobre 1827, article 34*).
Le signe d'arrondissement sera porté à la tête du grand mât.
(*Règlement du 3 décembre 1817, article 7*).

ART. 161.

Il est défendu à tout capitaine de navire du commerce d'arborer le pavillon national à la poupe de ses embarcations.
(*Ordonnance du 31 octobre 1827, article 34*).

ART. 162.

Les capitaines des navires, qui seront dans les ports et rades,
arboreront le pavillon français et leur signe d'arrondissement,
les dimanches et fêtes, et lors des revues d'armement, de départ
et de désarmement. Ils pourront, s'ils le jugent convenable,
arborer aussi leur marque de reconnaissance. (*Règlement du
3 décembre 1817, article 9*).

ART. 163.

Dans les circonstances qui intéresseront la police des ports et
rades, celle des convois et celle de l'inscription maritime, les
capitaines de navires seront tenus d'arborer leur signe d'arrondissement quand l'ordre leur en sera donné. (*Règlement du
3 décembre 1817, article 10*).

ART. 164.

Dans les ports et rades, les bâtiments du commerce arboreront le pavillon de poupe lorsqu'un bâtiment de guerre français ou d'une puissance amie, entrant ou sortant de la rade ou du port, aura mis son pavillon.

Art. 165.

Les capitaines devront toujours retenir, à bord de leur bâtiment, le nombre d'hommes nécessaire pour faire les manœuvres que pourrait exiger l'entrée ou la sortie des navires, à peine de cinquante francs d'amende. (*Ordonnance de* 1681, *livre IV, titre I, article* 2).

Art. 166.

Les bâtiments dont les amarres gèneraient l'entrée ou la sortie, devront les filer toutes les fois qu'il y aura nécessité ou qu'ils en seront requis; les dommages causés par les capitaines ou patrons seront à leur charge.

Art. 167.

Lorsqu'il existera des corps-morts en rade de la Basse-Terre, aucun bâtiment du commerce, sauf le cas d'urgence, ne pourra envoyer une amarre sur un desdits coffres, sans l'autorisation du capitaine de port. Cette amarre ne pourra y rester que pendant le temps d'absolu nécessité.

Toute infraction sera punie d'une amende de cinquante francs.

Art. 168.

Les capitaines et patrons devront tenir leur bâtiment propre, peindre à la chaux les parties accessibles de la cale et des entreponts, et faire pomper, matin et soir, aux heures qui leur seront indiquées par le capitaine de port. (*Consigne générale du* 20 *octobre* 1763, *article* 6).

Ils auront soin que leurs hommes ne s'exposent point longtemps au soleil, pendant la grande chaleur du jour, et travaillent, autant que possible, à l'abri sous les tentes.

Art. 169.

Pendant leur séjour dans les ports et rades, il est enjoint aux capitaines des bâtiments français, d'envoyer ou de faire porter à l'hôpital, immédiatement après l'invasion d'une maladie quelconque, les hommes de leur bord qui en seraient atteints. Cette disposition sera exécutée de jour et de nuit, sous peine de cent francs d'amende, pour chaque malade conservé à bord. (*Arrêté local du 8 octobre* 1818, *article* 1ᵉʳ).

ART. 170.

Les officiers-mariniers et matelots qui auront obtenu des permissions, pour se rendre à terre, devront être rentrés à leurs bords respectifs, au plus tard, au coup de canon de retraite.

Les contrevenants seront punis de trois jours de prison et de huit jours en cas de récidive. (*Règlement du* 11 *juillet* 1759, *article* 7).

ART. 171.

Les capitaines des navires du commerce, ou leurs remplaçants, s'abstiendront, autant que possible, d'autoriser les officiers-mariniers et matelots de leur bord à coucher à terre. Les hommes qui coucheraient à terre sans permission seront dénoncés sur-le-champ, par les capitaines, au commissaire de l'inscription maritime.

ART. 172.

Les capitaines et patrons des bâtiments du commerce devront tenir, pendant la nuit, de neuf heures du soir à cinq heures du matin, leurs embarcations hissées ou solidement amarrées et placées le long du bord.

ART. 173.

Les feux devront être éteints à bord des bâtiments du commerce, dans les ports, à neuf heures du soir. Toute contravention sera punie d'une amende de cinquante à cent francs.

ART. 174.

Hors le cas de détresse, il est défendu aux capitaines, maîtres et patrons, et autres personnes des bâtiments du commerce, de tirer, sous quelque prétexte que ce puisse être, aucun coup de canon ou de fusil, dans les ports et rades, à peine d'une amende de cinquante francs et de la double amende en cas de récidive. (*Ordonnance du 8 avril 1721.—Ordonnance locale du 18 avril 1772, article 9*).

Le salut des bâtiments du commerce se fera du pavillon, de la voile ou de la voix. (*Ordonnance du 25 mai 1745, article 5. —Ordonnance du 31 octobre 1827, article 708*).

ART. 175.

Dans le cas où un bâtiment se trouverait en danger, soit à la vue du port, soit en rade ou dans le port, les capitaines des navires du commerce seront tenus, à la première réquisition du commandant du stationnaire, du commandant marchand, du commissaire de l'inscription maritime ou du capitaine de port, d'armer leurs chaloupes ou canots et de les faire arriver, sans perte de temps, sur le lieu du danger, avec les grelins, ancres et apparaux qu'ils auront à bord. Ceux des capitaines qui seront reconnus coupables de refus ou de négligence, ou d'avoir affaibli les moyens de secours dont ils auraient pu disposer, seront passibles d'une amende de cent francs, sans préjudice de poursuites plus graves.

Les capitaines au long-cours seront, en outre, désignés au Ministre de la marine, et les maîtres au cabotage signalés au Gouverneur.

Si les amarres employées, pour les secours portés aux bâtiments, étaient endommagées le règlement d'avaries aurait lieu par le tribunal de commerce.

ART. 176.

Les ancres, cables et grelins qui seront prêtés du magasin de sauvetage, pour le service des bâtiments du commerce, seront rapportés et remis, sans être endommagés, audit magasin, et aux frais de ceux qui les auront demandés.

Les armateurs ou capitaines des navires retiendront pour leur compte, et seront obligés de payer les cables et amarres empruntés lors qu'ils les auront endommagés, soit à bord, soit en les prenant, soit enfin en les rapportant au magasin.

Ils seront également obligés de retenir pour leur compte les grelins et aussières qu'ils auront cassés et d'en payer la valeur au moment du prêt, comme aussi les avaries et dommages qu'ils causeront aux ancres.

Le remboursement aura lieu sur estimation faite à dire d'experts.

Art. 177.

Les capitaines des navires du commerce devront, en cas d'incendie ou d'alerte dans la rade, dans le port ou dans la ville, envoyer leurs embarcations à la disposition du capitaine de port. Ils enverront, en même temps, les objets nécessaires pour les secours à porter et dont ils pourront disposer à leur bord. Toute négligence, à cet égard, sera passible d'une amende de cinquante francs.

Art. 178.

Les navigateurs, pêcheurs, dragueurs, gabariers, portefaix, ouvriers et autres personnes exerçant leur industrie dans le port et sur les quais, devront obtempérer, en cas d'évènement, aux réquisitions qui leur seront faites par les capitaines et lieutenants de ports, pour toute assistance à donner, sous peine de vingt et un à quarante francs d'amende, selon le cas.

Art. 179.

Si quelque délit grave d'insubordination était commis par des marins des équipages des bâtiments du commerce français, les capitaines devront d'abord requérir le commandant du stationnaire pour rétablir l'ordre à leur bord.

S'il ne se trouvait point de stationnaire en rade ou dans le port, les capitaines s'adresseront au commissaire de l'inscription maritime, qui se conformera à ce qui est prescrit au titre XV de l'arrêté de ce jour, sur la police de la navigation dans la colonie.

S'il y avait nécessité absolue, le capitaine du navire s'adresserait au capitaine de port, qui serait autorisé à procéder conformément à l'article 23 du présent arrêté.

Art. 180.

Si le délit était commis à bord des bâtiments étrangers, le

consul de la nation ou les capitaines devront réclamer l'intervention de l'Ordonnateur, à la Basse-Terre, et du Chef du service administratif, dans les dépendances, sans pouvoir, par eux-mêmes, infliger aucune punition autorisée même par leurs lois nationales.

La durée de l'emprisonnement que subiront les marins étrangers ne pourra point dépasser les limites observées à l'égard des marins du commerce français, en semblable occurrence.

(Dépêche ministérielle du 10 décembre 1844).

Art. 181.

Nul capitaine ne pourra abattre en carène, ni chauffer son navire, sans permission du capitaine de port; les capitaines et constructeurs seront tenus de se conformer entièrement à ses injonctions à cet égard.

Les demandes seront faites au moins vingt-quatre heures à l'avance.

Les contrevenants encourront une amende de cinquante francs et de plus forte somme en cas de récidive.

(Ordonnance de 1681, livre IV, titre I, article 8.—Ordonnance locale du 18 avril 1772, article 5).

Art. 182.

Lorsqu'un bâtiment du commerce sera en radoub, il aura, nuit et jour, un gardien chargé spécialement de veiller à ses amarres de terre et du large. Toute infraction recevra l'application des dispositions du deuxième paragraphe de l'article 187.

Art. 183.

Il est défendu aux capitaines et patrons de faire fondre aucun résineux à bord des bâtiments ou le long du bord. Ils feront transporter les ustensiles nécessaires à cet usage aux lieux indiqués par le capitaine de port, et devront employer les précautions qu'il prescrira.

Toute contravention sera passible d'une amende de cent francs.

Art. 184.

Nul ne pourra hâler à terre des bâtiments ou embarcations

quelconques, soit pour être réparés ou carénés, soit pour être démolis, sans avoir préalablement obtenu la permission écrite du capitaine de port, qui indiquera, à cet effet, les lieux convenables. (*Ordonnance de 1681, livre IV, titre I, article* 10.—*Consigne générale du* 20 *octobre* 1763, *article* 16).

Art. 185.

Le dépècement et l'enlèvement des débris des vieux bâtiments, et autres embarcations, que les propriétaires auront été autorisés à échouer, devront avoir lieu dans les délais suivant :

S'il s'agit d'un grand navire, dans un délai de trois mois;

S'il s'agit d'un caboteur, dans un délai de deux mois;

S'il s'agit d'une barque à sucre, gabare ou autre embarcation de même espèce, dans un délai d'un mois.

Art. 186.

Si le dépècement et l'enlèvement des débris des vieux bâti-. ménts et autres embarcations n'ont pas lieu, dans les délais accordés par l'article précédent, les propriétaires seront condamnés à une amende de cinquante francs, et le tribunal pourra, en outre, ordonner que cette opération se fasse d'office, par les soins du capitaine ou lieutenant de port, aux frais des propriétaires.

Art. 187.

Les propriétaires des navires et autres bâtiments désarmés dans le port, seront tenus d'y mettre au moins un gardien.

Toute contravention sera punie d'une amende de cinquante francs, et il sera, en outre, pourvu d'office, par le capitaine ou lieutenant de port, au placement dudit gardien, dont les loyers seront payés par les propriétaires des navires et autres bâtiments.

Art. 188.

Les capitaines du commerce, qui armeront ou réarmeront dans l'un des ports de la colonie, ou qui n'auront pas été visités depuis six mois, ne pourront entreprendre le chargement de leur bâtiment qu'après avoir justifié, auprès du capitaine de port, qu'ils ont rempli les formalités prescrites par l'arrêté de ce jour, sur la visite des bâtiments du commerce, à la Guadeloupe.

ART. 189.

Le capitaine de port fera surveiller, par le maître de port, l'accomplissement des dispositions contenues dans les huit articles précédents.

ART. 190.

Les capitaines, à leur départ, seront tenus de lever exactement leurs ancres, pour ne point embarrasser la rade ou le port. Dans le cas où, par suite de circonstances de force majeure, ils en abandonneront, ils en indiqueront la place, si faire se peut, au moyen d'orins et de bouées en bon état et capables de lever lesdites ancres. Ils en feront, autant que possible, la déclaration au bureau du port et à celui de l'inscription-maritime. (*Consigne générale du 20 octobre 1763. — Décret du 12 décembre 1806, article 39*).

Toute omission de déclaration, non justifiée, sera passible d'une amende de cinquante à cent francs.

La déclaration des capitaines devra faire connaître le lieu où les ancres auront été abandonnées; s'il y a été mis ou non des orins avec bouées; si les cables ont été coupés, ou s'ils ont été filés par le bout; leur qualité, leur grosseur et leur longueur; le poids et les marques des ancres.

ART. 191.

Toute personne, quelle qu'elle soit, qui trouvera des ancres en rade ou dans le port, avec ou sans bouées, est, comme les pilotes, tenue d'en faire la déclaration, dans les vingt-quatre heures, au capitaine de port et au commissaire de l'inscription maritime.

Toute infraction aux présentes dispositions encourra la peine du recel. (*Ordonnance de 1681, livre IV, titre IX, article 19*).

Lors des déclarations de sauvetage, le commissaire de l'inscription maritime devra procéder ainsi qu'il est dit au dernier paragraphe de l'article 90.

Le règlement du sauvetage aura lieu, suivant les circons·

tances dans lesquelles il aura été fait, conformément aux articles 88 et 90.

Art. 192.

Les capitaines des bâtiments étrangers sont tenus, comme ceux des bâtiments français, de se conformer aux dispositions du présent arrêté, et aux ordonnances, arrêtés et règlements concernant la police sanitaire et le commerce dans la colonie. (*Code civil, article* 3).

Art. 193.

Nul bâtiment français ou étranger, allant au long-cours ou au cabotage, ne pourra sortir des ports et rades de la colonie qu'avec un billet de passe, délivré conformément à l'article 24. (*Ordonnance locale du* 18 *avril* 1772, *article* 8).

Le pilote ne pourra mettre dehors aucun bâtiment sans cette formalité.

Art. 194.

Le billet de passe ne sera délivré, pour les bâtiments français, que sur la présentation du rôle d'équipage, expédié du bureau de l'inscription maritime, et sur le vu des quittances constatant que les droits de douanes ou autres ont été dûment acquittés.

Les bâtiments étrangers ne devront justifier que des quittances des droits de douanes ou autres.

Les capitaines français seront tenus, en outre, de produire des certificats délivrés par les chefs de secrétariat du Gouverneur et de l'Ordonnateur, et par le directeur de la poste, constatant que lesdits capitaines s'y sont présentés.

Les capitaines des bâtiments au long-cours, qui auront fait la déclaration prescrite par l'article 108 de l'arrêté de ce jour, sur la police de la navigation dans la colonie, seront exemptés de la production des certificats des chefs de secrétariat du Gouverneur et de l'Ordonnateur. Mention de ladite déclaration sera faite au visa d'expédition du rôle d'équipage.

Art. 195.

Le billet de passe sera exhibé, avant l'appareillage, au commandant du stationnaire, ainsi qu'il est dit en l'article 119.

Art. 196.

Tout capitaine, maître ou patron de bâtiment et autre embarcation du commerce, entrant ou sortant sans pilote, qui aura rompu ou renversé les balises, coffres ou autres signes destinés à marquer les passes et les fonds, paiera au trésor une indemnité qui sera réglée en proportion du dommage occasionné.

En cas de refus de se soumettre à cette disposition, ledit capitaine, maître ou patron, sera poursuivi devant les tribunaux ordinaires, afin de dommages-intérêts.

Art. 197.

Il est défendu aux pêcheurs et autres d'aborder les bâtiments en mer pour amener à terre, soit des hommes de leur équipage et des passagers, soit des marchandises.

Pareille défense leur est faite de conduire à bord des mêmes bâtiments, des individus ou des marchandises, pris à terre, sans y avoir été préalablement autorisés.

Les contrevenants seront poursuivis comme coupables d'infraction aux lois et règlements concernant la police sanitaire et les douanes.

Art. 198.

Tout individu qui aura dérobé des cordages, ferrailles ou ustensiles des bâtiments, sera condamné à l'amende, et à plus fortes peines si, ayant coupé une amarre, il a causé mort d'homme ou perte de bâtiment. (*Ordonnance de* 1681, *livre IV, titre I, article* 16).

DISPOSITIONS SPÉCIALES AU PORT DE LA POINTE-A-PITRE.

Art. 199.

Aucune embarcation du commerce ne sera expédiée pour faire de l'eau à la rivière la *Lézarde,* sans l'autorisation préalable du capitaine de port, auquel il sera remis une liste des marins composant l'équipage de corvée. L'embarcation devra d'ailleurs 'être commandée par un officier ou un officier-marinier du bord.

Art. 200.

Si des déprédations ou désordres étaient commis par les équipages des embarcations sur les propriétés particulières, les propriétaires lésés adresseront leur plainte au capitaine de port qui, après s'être assuré des faits et avoir reconnu les délinquants, dressera un procès-verbal qui sera remis au procureur de la République pour les poursuites à exercer.

Les plaignants pourront d'ailleurs se porter partie civile et exercer leur action contre le capitaine du bâtiment auquel appartient l'embarcation. (*Code civil, article* 1384).

DISPOSITION SPÉCIALE AU PORT DU MOULE.

Art. 201.

Aucun habitant riverain ou autre ne pourra faire déboucher la rivière du Moule, sans une autorisation écrite de l'officier de port, visée par l'autorité compétente. Les contrevenants seront passibles d'une amende de vingt francs, sans préjudice des peines plus graves.

DISPOSITIONS PARTICULIÈRES.

Art. 202.

Les contraventions aux dispositions du présent titre seront, à la diligence des capitaines ou lieutenants de ports et des commissaires de l'inscription maritime, constatées par des procès-verbaux ou rapports, pour y être donné telle suite que de droit.

Art. 203.

Le produit des amendes qui pourront être prononcées par les tribunaux, pour contraventions à la police des ports et rades, sera versé à la caisse des invalides de la marine, aux termes de l'article 5, n° 8, de l'ordonnance du 22 mai 1816.

Art. 204.

Toute plainte qu'auraient à faire les capitaines des bâtiments

du commerce, en ce qui concerne le service du port, sera
portée devant le capitaine ou lieutenant de port qui en référera à l'Ordonnateur, à la Basse-Terre, et au Chef du service
administratif, dans les dépendances.

Art. 205.

Les plaintes concernant la discipline des équipages et les
intérêts de la navigation, seront portées devant le commandant
de la rade et le commissaire de l'inscription maritime; ce
dernier en référera à l'Ordonnateur.

Art. 206.

Les dispositions particulières concernant la sûreté des bâtiments du commerce, pendant la saison de l'hivernage, conti-
nueront d'être réglées par des arrêtés spéciaux.

TITRE VII.

DE LA POLICE DES GABARES, CANOTS-POSTES, BOM-BOATS, CANOTS DE PÊCHE ET AUTRES EMBARCATIONS.

Art. 207.

Il est interdit, à moins d'autorisation spéciale, de laisser
aucune embarcation, pendant la nuit, ailleurs que dans les
lieux indiqués par les articles 208 et 209.

Art. 208.

Les lieux de réunion et de stationnement, pendant la nuit,
des pirogues, canots et autres embarcations, dans les ports de
la Basse-Terre, de la Pointe-à-Pitre, du Moule, du Grand-Bourg
(Marie-Galante), des Saintes et de Saint-Martin, sont fixés
comme suit ;

1° A la Basse-Terre :

Sur la plage de la calle *du commerce*, pour les canots-postes
et autres embarcations de transport, et sur la plage, vis-à-vis la
place *du Marché*, pour les embarcations de pêche.

2° A la Pointe-à-Pitre :

Au quai *de l'Arsenal*, pour les embarcations appartenant à

des propriétaires domiciliés dans la partie de la ville située de la rue des Abymes jusqu'au quartier de d'Arboussier inclusivement ;

Au quai d'*Arbaud*, vis-à-vis la rue Peynier, pour celles des propriétaires domiciliés dans la partie de la ville située de la rue des Abymes au quartier dit la Petite-Terre inclusivement;

Au quai de *Lardenoy* (dit quai *Tabanon*), pour les bom-boats, et si leur réunion était trop considérable, ils devront être placés aux autres parties du quai, qui leur seront assignées par le capitaine de port ;

Les embarcations des diverses communes seront placées aux endroits que leur affectation rendrait plus convenable, et d'après les indications qui leur seront données par le capitaine de port, qui aura à s'entendre, à cet effet, avec l'autorité municipale.

3° Au Moule :

Sur la plage, devant le bourg, à l'endroit dit la *Petite-Anse*.

4° Au Grand-Bourg (Marie-Galante) :

Sur la plage du bourg, à l'extrémité E. de la *rue de la Marine*.

5° Aux îles des Saintes,

Savoir :

A la *Terre-de-Haut*,

A l'endroit dit le *Fond-Curé*, en face du corps de garde ;

A la *Terre-de-Bas*,

A l'*Anse-des-Muriers*, pour les embarcations appartenant aux propriétaires du vent;

Et aux *Petites-Anses*, pour celles des propriétaires sous le vent.

6° A Saint-Martin,

Savoir :

Au *Marigot*, devant le poste de la caserne, pour celles des propriétaires domiciliés depuis la pointe N. de *Friars-Bay*, n descendant vers le S., jusques et y compris les *Terres-Basses*;

Et à l'anse de *la Grande-Case*, pour celles des propriétaires domiciliés de la même pointe de *Friars-Bay*, en remontant toute la partie N. de l'île.

Art. 209.

Dans les autres parties de la colonie, les lieux de stationnement seront désignés par les autorités municipales.

Art. 210.

Les contraventions aux dispositions des articles 208 et 209, seront punies pour la première fois de dix à vingt-cinq francs d'amende, et, en cas de récidive, de vingt-cinq à cinquante francs.

Art. 211.

Les canots, pirogues et autres embarcations, devront être rendus le soir, à huit heures, aux lieux de stationnement; ils ne pourront en être retirés, avant cinq heures du matin. Toutefois, les pêcheurs et les propriétaires desdites embarcations, seront admis à en disposer pendant les heures de stationnement, lorsque les circonstances l'exigeront, sur une autorisation spéciale du capitaine ou lieutenant de port, ou de tout autre autorité compétente.

Art. 212.

Le propriétaire qui voudra faire stationner, pendant la nuit, ses pirogues à un embarcadère particulier, pourra, sous les responsabilités de droit, en demander l'autorisation.

Cette autorisation ne sera accordée que sur l'avis du maire de la commune.

Art. 213.

Dans tous les cas, les canots, pirogues et autres embarcations, devront être hâlés à terre et enchaînés solidement; les voiles, avirons et gouvernails placés en lieux de sûreté.

Art. 214.

Tout propriétaire dont l'embarcation n'aura pas été ramenée le soir au lieu de stationnement, devra justifier des causes d'empêchement par des certificats en bonne forme, délivrés par l'autorité municipale.

Art. 215.

Les embarcations *non pontées*, affectées au transport des sucres et autres denrées, ne pouvant être hâlées à terre ni enchaînées, devront avoir à bord, pendant la nuit, la moitié au moins de leur équipage.

Art. 216.

Les gabares et chalans, servant au chargement et au déchargement des denrées et autres marchandises, ne pouvant, non plus, être hâlés à terre, seront mouillés aux endroits indiqués par les capitaines ou lieutenants de ports.

Art. 217.

Les contraventions aux six articles précédents seront punies d'une amende de dix à cinquante francs.

Le maximum sera toujours appliqué, dans le cas de récidive, aux propriétaires admis à jouir du bénéfice de l'article 212.

Art. 218.

Il sera tenu, dans chacun des bureaux de port de la colonie, une liste des gabares et autres embarcations de chaque lieu de stationnement; les capitaines et lieutenants de ports assigneront aux embarcations, pouvant être hâlées à terre, leur rang d'amarrage; les pirogues étrangères, qui passeraient la nuit dans le port, seront amarrées à la suite.

Art. 219.

Il sera également tenu, dans les bureaux des capitaines et lieutenants de ports, une liste des hommes affectés aux gabares, canots-postes et bom-boats, employés au service de la rade ou du port.

Art. 220.

Les marins faisant la navigation des embarcations mentionnées en l'article précédent, devront toujours être munis d'une plaque ou médaille qui leur sera délivrée gratuitement

par l'administration, et qu'ils seront tenus de représenter à
toute réquisition. Cette plaque portera l'indication du port et le
numéro d'ordre du gabarier, canotier ou bom-boatier, et devra
être rendue dans le cas où ledit gabarier, canotier ou bom-
boatier, quitterait le service du port.

Art. 221.

Tout marin inscrit comme attaché au service des embarcations du port devra porter d'une manière apparente la plaque
qui doit servir à le faire reconnaître; les infractions seront
punies d'une amende de cinq à quinze francs.

Art. 222.

Il pourra être nommé des chefs ou syndics des *gabares,
canots-postes et bom-boats*. Ces nominations auront lieu par
l'Ordonnateur, sur la proposition des capitaines ou lieutenants
de ports et d'après l'avis des chefs du service maritime dans
les dépendances.

Art. 223.

Les chefs ou syndics seront chargés de maintenir l'ordre
parmi les gabariers, canotiers et bom-boatiers, et rendront
compte, aux capitaines ou lieutenants de ports, de toute infraction aux ordres qui pourront être donnés, et porteront à leur
connaissance tous les faits qui pourront intéresser la police des
gabares, canots-postes et bom-boats.

Les gabariers, canotiers et bom-boatiers devront obtempérer aux injonctions des chefs ou syndics, sous peine d'une
amende de cinq à quinze francs.

DISPOSITIONS PARTICULIÈRES.

Art. 224.

Les contraventions aux dispositions du présent titre seront
constatées par des procès-verbaux dressés par les capitaines ou
lieutenants de ports, dans les localités où il en existe, et par les
agents municipaux dans les communes.

Ces procès-verbaux seront déposés, dans le délai de vingt-

quatre heures, au greffe du tribunal compétent, pour les poursuites être dirigées à la requête du procureur de la République
ou du commissaire de police.

ART. 225.

Le produit des amendes qui seront prononcées sera reparti
comme suit :

Moitié aux agents qui auront constaté les contraventions, et
moitié à la caisse municipale de la commune dans laquelle le
délit aura été commis.

(*Décret colonial du 14 novembre 1834*).

TITRE VIII.

DE LA POLICE DES QUAIS, CALES ET PLAGES.

ART. 226.

Lorsque plusieurs bâtiments arrivant auront besoin de se
mettre à quai, pour opérer leur déchargement, ceux dont les
capitaines auront les premiers fait leur rapport, seront les
premiers placés et seront obligés de se retirer immédiatement
après leur déchargement, afin de laisser la place libre aux autres.
(*Ordonnance de 1681, livre IV, titre I, article 4*).

Pendant que les navires et autres bâtiments seront à quais,
ils devront être amarrés, avant et arrière à la cale, aux bornes,
anneaux ou canons fixés auxdits quais, à peine d'une amende
de quinze à vingt-cinq francs.

ART. 227.

Les capitaines des bâtiments caboteurs, patrons de barques
et gabares, ne pourront approcher le long des quais leurs bâtiments, bateaux et autres embarcations, assez près pour toucher
et ébanler les chapeaux et pieux de garde desdits quais, et seront
obligés de s'y amarrer, avant et arrière, sous peine de l'amende
prévue par l'article précédent.

ART. 228.

Les bornes, boucles, anneaux et canons destinés pour l'amarragé des bâtiments ét autres embarcations du commerce seront entretenus aux frais de la caisse municipale. (*Ordonnance de 1681, livre IV, titre I, article 20*).

ART. 229.

Il est interdit d'embarquer ou de débarquer des marchandises, sans l'aide de rances ou forts cartelages, qui s'avanceront à un mètre au moins de la bordure des quais, pour éviter toute dégradation de la maçonnerie ; aussitôt que le chargement ou le déchargement sera fini, le capitaine du bâtiment ou autre embarcation l'éloignera à une distance qui ne pourra être moindre de six mètres du pieu de garde, pour laisser un libre passage entre la terre et le bâtiment.

Après le coup de canon du soir, aucune embarcation ne pourra rester à une moindre distance des bords des quais, sauf aux endroits réservés comme lieux de stationnement.

Les contraventions seront punies d'une amende de trente francs.

ART. 230.

Les marchandises qui n'auront pu être embarquées ou rentrées dans les magasins, avant la nuit, de même que les rances, seront éloignées de la bordure des quais, à la distance de trois mètres au moins, pour laisser un libre passage sur lesdits quais, à peine d'une amende de dix francs.

ART. 231.

Les bois, aissantes, planches, merrins, briques, pierres de Barsac et autres, caisses d'ardoises, chaudières à sucre, futailles, ballots et tous autres objets ne pourront être laissés sur les quais pendant plus de trois jours, soit pour leur transport dans les magasins particuliers, après débarquement, soit pour leur mise à bord des embarcations, lorsqu'il s'agira de leur expédition. (*Ordonnance de 1681, livre IV, titre I, article 7*).

La même prohibition est faite pour les ancres, cables, canons et autres objets, provenant, soit de l'armement des bâtiments du commerce, soit du fond de la mer.

Art. 232.

Si, par suite de cas fortuit, le dépôt des objets mentionnés en l'article précédent devait excéder trois jours, les propriétaires seraient tenus de se munir d'une autorisation spéciale et temporaire, qui sera délivrée par l'autorité municipale, sur l'avis du capitaine ou lieutenant de port.

Art. 233.

A l'expiration des délais fixés, le capitaine ou lieutenant de port, notifiera aux intéressés d'avoir à enlever les marchandises et autres objets déposés; à défaut, les délinquants pourront être contraints par les moyens de droit et punis d'une amende de cent francs.

Art. 234.

Il est interdit de jeter sur les quais aucuns fumiers, ordures, boues, et autres immondices. Le dépôt en aura lieu aux endroits indiqués par l'autorité municipale.

Art. 235.

Les charpentiers, menuisiers, maçons et autres ne pourront obstruer les quais, et y travailler sans une permission expresse du maire, à la charge par lesdits ouvriers de nettoyer la voie publique, d'enlever les clous et tout ce qui pourrait nuire aux passants, et ce, avant la nuit; au cas d'impossibilité de débarrasser la voie publique, ils seront tenus d'éclairer, par un feu clos, les objets d'encombrement qu'ils y auront laissés, afin d'éviter les accidents pendant la nuit.

Art. 236.

Les tonneliers employés au rabattage des sucres et cafés, devant les magasins, seront seuls dispensés de prendre la permission mentionnée en l'article précédent; mais ils seront assujettis, comme les autres ouvriers, à enlever les clous, les cercles et tout ce qui serait susceptible de nuire aux passants.

Art. 237.

Les débris des travaux des ouvriers, ainsi que ceux provenant des emballages des marchandises, ne pourront être déposés sur les quais ; ils seront transportés, avant la nuit, aux endroits indiqués par l'autorité municipale.

Art. 238.

Les contraventions aux dispositions des articles 234, 235, 236 et 237, seront punies d'une amende de quinze francs.

Art. 239.

Il ne pourra être allumé aucun feu sur les quais, ni de jour ni de nuit, à peine d'une amende de quarante et un à soixante francs.

Art. 240.

Il est interdit à toute personne d'acheter, des mains des marins, aucuns cordages, ferrailles et autres objets appartenant à l'armement des navires, à peine d'être traduite devant les tribunaux. (*Ordonnance de* 1681, *livre IV, titre I, article* 17).

Art. 241.

Un gardien des quais, soldé par la ville, est nommé par le maire. Ce gardien prête serment entre les mains du président du tribunal de première instance du ressort et exerce ses fonctions sous la surveillance immédiate du capitaine ou lieutenant de port. (*Ordonnance locale du* 15 *juin* 1824, *article* 16).

Art. 242.

Les gardiens des quais ne peuvent avoir aucun intérêt dans les gabares, acons et autres embarcations, faisant le commerce du port et de la rade.

DISPOSITION SPÉCIALE A LA BASSE-TERRE.

ART. 243.

Il est interdit aux gabares, canots-postes et autres embarcations qui chargent du lest pour les navires et caboteurs mouillés sur la rade de la Basse-Terre, de prendre du lest en pierre ailleurs que dans les endroits ci-après indiqués;

Direction du sud :

A partir de la cale du magasin général, en remontant vers la rivière du *Galion* ;

Direction du nord :

A partir de la dernière maison de la ville, en descendant vers la rivières des *Pères*.

Les propriétaires et constructeurs de maisons ne pourront, non plus, prendre ailleurs que dans les endroits indiqués ci-dessus, les materiaux qui seraient nécessaires à leurs travaux.

Toute contravention sera punie d'une amende de vingt et un à quarante francs pour la première fois et du double en cas de récidive.

DISPOSITIONS PARTICULIÈRES.

ART. 244.

Les contraventions à la police des quais, cales et plages, seront constatées par des procès-verbaux dressés par les capitaines ou lieutenants de ports et par les gardiens des quais; les procès-verbaux dressés par les gardiens des quais seront visés par les capitaines ou lieutenants de ports.

Ces procès-verbaux seront déposés, dans le délai de vingt-quatre heures, au greffe du tribunal compétent, et les poursuites auront lieux à la requète du procureur de la République ou du commisaire de police.

ART. 245.

Le produit des amendes, qui pourront être prononcées par les tribunaux, sera versé à la caisse municipale pour l'entretien des quais et cales. (*Ordonnance locale du 15 juin 1824, article 4*).

TITRE IX.

DISPOSITIONS GÉNÉRALES.

ART. 246.

Toute infraction, pour laquelle aucune pénalité n'a été prévue au présent arrêté, pourra, s'il y a lieu, être punie des peines de simple police.

ART. 247.

Les poursuites auxquelles pourront donner lieu les infractions à la police des ports et rades, quais, cales et plages, seront déférées, suivant la nature des délits, à la juridiction correctionnelle ou de simple police.

ART. 248.

Les propriétaires, armateurs, capitaines, maîtres et patrons des bâtiments et embarcations, seront solidairement responsables des amendes qui pourront être prononcées contre eux.

ART. 249.

Sont abrogées toutes dispositions d'arrêtés locaux qui seraient contraires au présent arrêté.

ART. 250.

L'Ordonnateur, le Directeur de l'Intérieur et le Procureur général sont chargés, chacun en ce qui le concerne, de l'exécution du présent arrêté, qui sera enregistré partout où besoin sera et inséré au *Bulletin officiel* de la colonie.

Fait à la Basse-Terre, le 24 avril 1851.

Signé FIÉRON.

Par le Gouverneur :

Le Commissaire général Ordonnateur,

Signé GUILLET.